1247

ODE SVR L'ALLIANCE

DES DEVX ILLVSTRES MAISONS

DE BETHVNE,
ET
DE SEGVIER.

Par le S^r. COLLETET.

A PARIS,
Chez la veuue de IEAN CAMVSAT, ruë
Sainct Iacques, à la Toyson d'or.

M. DC. XL.
Auec Priuilege du Roy.

PREFACE.

QVoy qu'il y ait defia plus d'vne année que i'ay compofé ces vers, que ie les ay préfentez à ces illuftres perfonnes qui y ont le plus d'intereft, & qu'ils n'en ayent pas mefme efté defapprouuez ; fi eft-ce que ie ne me pouuois refoudre encore à les faire imprimer. Et n'euft efté que quelques Imprimeurs eftoient fur le poinct de leur faire voir le iour fur vne coppie mal correcte qui eftoit tombée entre leurs mains, ie ne croy pas qu'ils fe fuffent encore efchappez des miennes. Tellement que i'abandonne cét ouurage pluftoft pour éuiter la honte d'vne Edition deffectueufe & précipitée, que pour acquerir beaucoup de gloire. Certes plus ie penetre dans la cognoiffance d'vn Art, duquel il y a fi long-temps que ie fais profeffion, plus ie fens qu'il eft difficile de le mettre en praticque, & de s'en acquitter dignement ; Et il me femble que c'eft violer en quelque forte le refpect que l'on doit au public que de l'entretenir de chofes confufes ou de choses vulgaires; voire mesme que c'est augmenter le nombre des Monstres spirituels que de faire de mauuais liures. Mais quelque mespris que la Raison m'ordonne de faire des miens, & quelque violence que ie me fasse en les publiant, ie ne sçaurois dissimuler, que ie suis en humeur de traitter celuy-cy vn peu plus fauorablement que de coustume. Si l'on préd la peine de le considerer, peut-estre m'accordera-t-on qu'il estoit mal-aisé de mesler plus de Poësie dans vne matiere que les plus doctes Historiens ont peine à déduire nettement en prose. Ie parle icy de plusieurs excellens hommes; & pour passer auec addresse de l'vn à l'autre, il faut que i'aduouë que si ie n'ay pas faict en cela tout ce que mõ Art pouuoit faire, i'ay faict au moins tout ce dont alors mon Esprit estoit capable. Aussi quoy que parmy les Odes de nos plus celebres Autheurs on n'en ait point encore veu vne de si longue haleine que celle-cy, tant s'en faut que ie puisse dispenser mon Lecteur de la lire entiere, que i'exigerois volontiers de luy qu'il la vouslust lire vne seconde fois, pour me condamner auec plus de raison, ou pour m'absoudre auec plus de cognoissance.

Ce 5. iour de May, 1640.

ODE
SVR L'ALLIANCE
DES DEVX ILLVSTRES MAISONS
DE BETHVNE,
ET
DE SEGVIER.

PVIS qu'apres le bruit de la Guerre
Nos Vainqueurs gouſtent le repos,
Et qu'on n'oit plus d'autre Tonnerre
Que celuy des Vents, & des Flots;
Que l'Hyuer de ſon frein de glace
Tient en bride le Dieu de Thrace,
Ainſi que les Nymphes de l'Eau;
Dieu de paix, celeſte Hymenée,
Illumine ceſte Iournée
Du feu de ton chaſte Flambeau.

A

Agréable Fils d'Vranie,
Ne vien point orné de ces fleurs
Dont on voit la couleur ternie
Par le froid, ou par les chaleurs;
Laisse ceste fraisle Couronne
Que tu pris aux Nopces d'Enonne,
Ioins la soye à l'or précieux,
Comme en la Feste signalée
Où pour Thetis, & pour Pelée
Ta pompe rauit tous les Dieux.

Et vous mes Compagnes, mes Muses,
Qui m'auez charmé tant de fois,
Dont je n'eus les graces infuses
Que pour les Ministres des Roys;
Approchez-vous, Troupe immortelle
Du sainct Hymen qui vous appelle
Comme l'vn de vos Nourissons;
Et puis que c'est luy qui m'inspire,
Faictes que la plus douce lyre
Soit rude, aux prix de mes Chansons.

S'il faut qu'vn Cantique de joye
Retentisse dedans mes vers,
Et que tout à coup j'en desploye
L'Image par tout l'Vniuers ;
Quelle assez forte Melodie,
Quelle fureur assez hardie
Peut mettre ces desseins au iour?
Sans vous, ò Filles de Memoire,
Ie fais le Tombeau de ma gloire,
Au lieu du Temple de l'Amour.

Amans, leur bonté m'est propice;
Ie médite pour vous loüer
Des vers que l'Espoux d'Eurydice
N'auroit pas honte d'aduoüer.
L'Esprit des Muses me transporte,
Leur vigueur rend ma voix plus forte,
Leur feu redouble ma chaleur;
Et pour celebrer vostre couche,
Elles vous parlent par ma bouche,
Ou je vous parle par la leur.

O trois fois heureuse Alliance,
Où le merite & la beauté
Eclattent aux yeux de la France,
Plus qu'ils n'ont iamais éclatté;
Où la préuoyante Fortune,
A l'illustre Sang de BETHVNE
Joint l'illustre Sang de SEGVIER;
Où la belle & diuine Astrée
Auecque Mars s'est rencontrée,
Et la Palme auec l'Oliuier.

O BETHVNE, si l'on contemple
Les grands exploicts de tes Ayeux,
Apres leur valeur sans exemple
Void-on rien de si glorieux ?
D'autre part si l'on considere
L'Eloquence, & l'Ame sincere
Dont les tiens ont seruy nos Roys,
Belle SEGVIER, peut on pas dire,
Qu'ils ont faict fleurir cét Empire,
Puis qu'ils ont faict fleurir nos Loix?

Si des lumieres effacées
On ayme encor le souuenir,
Cherchons dans les choses passées
Dequoy charmer tout l'aduenir.
Consultons les vieilles Chroniques
Que gardent ces Lyons Belgiques
Dont le cœur est presque abbatu.
BETHVNE, vn ROBERT de ta race   L'Histoire
N'y tient-il pas l'illustre place,   l'appelle
Que l'Honneur donne à la Vertu ?   Aduoüé
d'Arras. Il
viuoit au-
parauant
l'an 1036.

Ie voy ceste ville orgueilleuse
Dont l'Artois respecte les tours,
Dans vne saison perilleuse
Implorer le diuin secours ;
Puis se confiant au courage
De ce grand Herôs de son âge
L'élire pour son Protecteur.
Ie voy qu'il vange sa querelle,
Qu'il la sauue, & qu'il faict pour elle
Plus que ne fit son Fondateur.

C'eſt Iacques, ou ſelō d'autres, Iean de Bethune Eueſque de Cābray. Il viuoit l'an 1210.

Ie vois vn Prélat admirable
Suiure l'eſtendart de la Croix,
Et plain d'vn zele incomparable
Lutter contre les Albigeois.
Cét homme que Cambray reuere
Comme ſon Ange tutelaire
Les terraſſe d'vn tel effort,
Qu'à ſa vertu l'on porte enuie,
Si l'on ne louë autant ſa vie,
Que l'on a regretté ſa mort.

Il eſtoit Abbé d'Anchin prés de Vallenciennes. Il viuoit l'an 1250. & eſt mort en reputation de St. homme. On garde encore ſes os cōme de précieuſes Reliques. Iacques de Guiſe l'appelle Iacques de Bethune.

Ie voy cét Athlete inuincible,
ALPIN, ce Flambeau de la Foy,
Monſtrer qu'il n'eſt pas impoſsible
De viure, & renoncer à ſoy;
Préferer aux molles délices,
Le ſac, la cendre, & les cilices
A la honte des Vicieux;
Mourir en leur faiſant la guerre;
Imiter Dieu deſſus la terre,
Et le poſſeder dans les Cieux.

I'en

J'en apperçoy d'autres encore
Qui soubs l'esclat de ce beau nom
Jusques aux terres de l'Aurore
Se vont acquerir du renom.
Les vns sur les murs de Bisance
Plantent l'estendart de la France,
Leur culte confond l'Alcoran;
Leur zele destruit sa malice,
Et faict regner vn Dieu propice,
Où Mahomet regne en Tyran.

Coesne, & Guillaume de Bethune signalerent leur valeur en la prise de Constãtinople, & poufferent leur conqueste iusques en la Terre Saincte, l'an 1204.

D'autres sur ces ondes fameuses
Où Leandre acheua son sort,
Font de ces vagues escumeuses
Des autels de sang, & de Mort.
C'est-là qu'ils vengent mille crimes,
Et qu'ils font choir tant de victimes
Parmy les flâmes & les fers,
Que le vieux Nocher du Cocyte
Trouue sa barque trop petite
Pour les passer dans les Enfers.

Robert de Bethune gaigna vne bataille nauale contre les infidelles.

Qui void les armes flamboyantes
De ces braues Enfants de Mars,
Forcer ces plages ondoyantes,
Ou ces effroyables rampars,
Croid voir l'Egide qui foudroye
Les murs de l'orgueilleuse Troye,
Ou les Caphares diffamez:
Et ces victimes estouffées
Luy semblent autant de Typhées
Que le tonnerre a consumez.

Aussy vostre gloire adorable,
Heros tousiours Victorieux,
Rendit vostre sang venerable
Et le ioignit au sang des Dieux.
Les Roys de la Seine, & du Tage,
Les Cesars qui dans leur partage
Ont du Rhin les forts redoutez,
Ioignirent, pour fruict de vos peines,
A leurs puissances souueraines,
Vos souueraines qualitez.

Mais

Mais pour laisser ceux que la Parque
Enseuelit dans le tombeau,
Fameux SVLLY, ie te remarque,
Comme on void de nuict vn flambeau.
Soubs d'agreables destinées
Tu coules tes longues années,
Le repos rend tes vœux contens;
Tu l'embrasses, il te soulage;
Et tu vois l'hyuer de ton âge
Plus tranquile que ton printems.

<small>Messire Maximiliã de Bethune, Duc & Pair de France, sur-Intendant des Finances, & grand Maistre de l'Artillerie.</small>

Quand HENRY, par vn grand miracle,
Confondit nos Seditieux,
Et monta malgré leur obstacle
Sur le throsne de ses Ayeux;
Soubs les auspices de Bellonne
Tu combattis pour sa couronne
En ce temps de confusion;
Et tu fus de cét Alexandre,
Pour attaquer, & pour deffendre,
Le Cratere, & l'Ephestion.

B

Les Champs d'Iury, les Plaines d'Arque,
Et les riuages de Coutras,
Sçauent bien que ce grand Monarque
Fit son bouclier de ton Bras.
Sous luy tu jonchas la campagne
De ces noirs Geryons d'Espagne,
Et de nos Serpens reuoltez.
Mais apres cette heure importune,
Si tu sentis son infortune,
Tu goustas ses prosperitez.

Lors que la tempeste irritée
Exerça son dernier effort,
Et que nostre Nef agitée
Trouua le calme dans le port;
Ce Prince qui pendant l'orage
Te cognut si fort, & si sage,
A tes soins commit son Thresor;
Et voyant ta candeur extresme,
Il te prodigua son cœur mesme,
Qui valloit mieux que tout son or.

Ainsi ce Peuple qui caresse
L'Astre du jour à son réueil,
Met en seureté sa richesse
Dedans le Temple du Soleil:
Quelque esclat dont elle esbloüisse,
Il ne craint pas qu'on la rauisse
A la Diuinité du lieu;
Mais il sçait qu'vn thresor si rare
Seroit le butin d'vn Barbare,
S'il n'estoit gardé par vn Dieu.

Enfin ce grand foudre de guerre,
Ce Monarque Victorieux,
Te fit Ministre du Tonnerre,
Dont il punit nos factieux.
Par luy les fortes Citadelles
Furent le tombeau des Rebelles,
Par luy chacun te redouta;
Et ce que ton Bras ne pût faire
Pour destruire nostre Aduersaire,
Ce Tonnerre l'executa.

Mais comme la valeur esclatte
Dans la Maison de ces Guerriers,
Qui ne void luire l'escarlatte
De la famille des SEGVIERS?
C'est un Ciel où Thémis préside,
Leurs clartez luy seruent de guide
Dans l'aueuglement de ses yeux;
Et qui void ces hommes illustres
Qui brillent depuis tant de lustres,
Croid-il pas voir autant de Dieux?

Si je produisois les archiues
Du Languedoc, & du Quercy,
A t-on veu des vertus plus viues
Que celles qu'on verroit icy?
I'y peindrois des Prelats Augustes,
Des Heros qui furent si justes
Que l'Equité le paroist moins;
Mais ie laisse ces vieux Oracles,
Pour ne parler que des Miracles
Dont nos Peres furent tesmoins.

Sus, que de Lauriers on couronne
Ce prodige des grands Esprits,
Qui laissa les bords de Garonne
Et vint esclatter à Paris.
Ce SEGVIER, ce cœur Inuincible
Monstra qu'il n'est rien d'impossible
A celuy qui cherit l'honneur,
Et dont la Saincte Idolastrie
Aime autant l'heur de sa patrie
Qu'elle aime son propre bon-heur.

Messire Pierre Seguier Aduocat general au Parlement de Paris, & depuis President au Mortier.

N'auoit-il pas suject de croire,
Quoy qu'il fust riche, & grand chez soy,
Que pour acquerir plus de Gloire
Il falloit vn plus vaste employ?
Qu'vn petit esquif ne fend guieres
Que l'eau des petites riuieres
Qui roulent sur deux tapis verds;
Mais que les grands vaisseaux à voiles
Dont les Mats touchent les Estoilles,
Sont propres pour les grandes Mers?

O Citez de Rome, & d'Athenes,
N'exaltez plus vostre vertu;
Vos Cicerons, vos Demosthenes,
N'auoient rien que SEGVIER *n'ait eu.*
Aussi-tost qu'il ouuroit la bouche,
L'Auditeur non plus qu'vne souche
N'osoit mouuoir ny respirer;
Ou pendant ce flux d'Eloquence,
Si quelqu'vn rompoit son silence,
Ce n'estoit que pour l'admirer.

<small>Different du Pape Iules III. & de Henry II. pour la Ville de Parme.</small>

Quand vn Successeur de Sainct Pierre
Irrité dans le Vatican
Nous menassa de son Tonnerre,
Plus craint que celuy de Vulcan,
Quand IVLES *tremblant dans sa Chaise*
Voulut abandonner Farnese
A qui taschoit de l'opprimer;
SEGVIER *fit voir que sa parolle*
Pouuoit du Louure au Capitole
Tout esteindre, ou tout allumer.

Dans ce desordre memorable,
Ce Senat, ce Throsne des Pairs,
Loüa la force incomparable
De ses raisonnements diuers.
Là plein de zele, & de franchise,
Soustenant les droicts de l'Eglise,
Soustint-il pas ceux de son Roy?
Dementez-moy, Pourpre Romaine,
Si reiglant la Puissance humaine,
Il blessa ny vous, ny la Foy.

Tel que triomphe sur la Seine
Le Dieu des liquides sillons
Quand d'vn vase de Porcelaine
Il verse l'onde à gros boüillons;
Tel cét excellent Personnage
Versant vn torrent de langage
Sur les Fleurs de Lys triomphoit;
Et dans ces merueilles estranges,
Son oreille oyoit des loüanges,
Que sa modestie estouffoit.

Apres les guerres d'Italie, les Deputez du Roy Charles IX. & ceux du Duc de Sauoye se rendirent à Lyon pour les limites de la France, & de la Sauoye.

Quand Philibert mettoit en proye
Ce que le droict nous a donné,
Qu'il fallut borner la Sauoye,
Et les confins du Dauphiné;
Que ne fist point aux bords du Rhosne
Et pour CHARLES, & pour son Throsne,
Ce grand Oracle de Themis?
Si l'on l'eut creu, ceste Frontiere
Qui se dit nostre Cimetiere,
L'eut esté de nos Ennemis.

C'est le beau liure latin, De cognitione Dei, & sui, traduit en François par l'Autheur de ces vers, & imprimé l'an 1637. sous le tiltre, De la cognoissãce de Dieu, & de soy-mesme.

Mais si cét employ Politique
Estoit l'object de son soucy;
Si sa parolle fut publique,
Ses Escrits le furent aussy.
Tesmoignez-le, parfaict Ouurage,
Où ce Socrate de son âge
Peint si bien vn Dieu sans pareil,
Que cét Autheur de la Nature
Nous paroist dans ceste peinture,
Plus brillant que dans le Soleil.

Aussy

Aussy pour juste récompense
De tant d'Esprit & d'Equité,
Le bien que le sort nous dispense
Fut sa moindre félicité.
Ses Enfans, des Anges visibles,   Il laissa 12.
Furent ses biens les plus sensibles,   enfans.
Comme ses plaisirs les plus doux :
Et par eux encor sous la tombe,
Où iamais la vertu ne tombe,
Il agit, & parle pour nous.

Que je trouve icy de lumiere
Dont l'object suspend mon desir!
Dans cette feconde matiere
Que dois-je laisser, ou choisir?
Comme quand sous une nuict sombre
Le voyageur veut parmy l'ombre
Voir l'Estoille qui le conduit,
Mille autres peintes dans la nuë
Confondent tellement sa veuë,
Qu'il doute s'il est iour, ou nuit.

Mais quoy que son pied s'embarasse
Dedans mille confus destours,
Sans s'arrester en vne place
Il regarde, & marche tousiours:
Ainsi quelque objet qui m'estonne,
Quelque splendeur qui m'enuironne,
I'accomplis mon intention;
Et peut-estre si l'on accuse
La temerité de ma Muse,
Qu'on loüra mon affection.

Ce n'est pas qu'en traçant la gloire
D'vne race de demy-Dieux
Ie prétende escrire l'histoire
D'vne longue suitte d'Ayeux;
Pour loüer leur vertu feconde,
Il n'est point de veine profonde
Dont les flots ne fussent taris;
Il suffit dans mon entreprise
Qu'aujourd'huy la Muse eternise
Deux ou trois de ses Fauoris.

Si je voulois rendre infinie
Vne agreable verité,
Ie dirois de ce grand Genie
L'eternelle posterité;
Que tous ces Hommes heroïques
Furent de leurs charges publiques
Et le souftien, & l'ornement;
Que leur nom comme vn astre brille
Et qu'on euft pû de leur famille
Composer tout vn Parlement.

Parmy les viuantes images
De cette Déesse sans yeux,
Que la fureur des derniers âges
Força de retourner aux Cieux,
Ie ferois ANTHOINE paraiftre
Souftenant les droicts de son Maiftre,
Ou rendant la iuftice à tous;
Ou tel qu'au bord Hadriatique
Son eloquence pathetique
De ses riuaux, fit ses jaloux.

Messire Anthoine Seguier Aduocat general, President au Mortier, & Ambassadeur à Venise.

> Messire Ieā Seguier, Conseiller d'Estat, & Lieutenant Ciuil, pere de Monseigneur le Chancelier, & de Monseigneur l'Euesque de Meaux, trauailla puissammēt à la reduction de Paris en l'obeyssance du Roy Henry 4.

Suiuant l'ordre de la naissance
Ie peindrois de viues couleurs
Celuy qui dans sa Lieutenance
Vid naistre, & finir nos mal-heurs;
Qui dans vn siecle d'injustice
Fit regner l'ordre & la police,
Qui dompta la rebellion;
Et qui par sa vertu fatale
Garantit sa ville natale
De la misere d'Ilion.

Ie tracerois auec des larmes
Ce iour qui causa tant d'ennuy,
Quand son zele trouua des charmes
A s'abandonner pour autruy.
Ie maudirois ce lieu funeste
Qui d'vn mortel souffle de peste
Esteignit sa viue clarté;
Et publirois sans flatterie
Qu'il consuma pour sa Patrie
Autant d'esprit, que de bonté.

Puis fortifiant cette audace
Dont mes esprits sont agitez;
A mesure que cette Race
S'esleue dans les dignitez.
Parmy tant de hautes merueilles
I'aurois pour subject de mes veilles
Deux Heros qu'il nous a laissé;
Et dirois que leur grand courage
Pour nostre heur acheue l'ouurage
Que leur Pere auoit commencé.

O France, quand ils font paraistre
Leur front de splendeur reuestu,
Ne nous font-ils pas bien cognaistre
Ce que tu rends à la vertu ?
Iamais les deux freres d'Heleine
N'ont peu dessus l'humide plaine
Monstrer ensemble leur esclat ;
Mais le Ciel qui nous fauorise,
Faict luire vn Astre de l'Eglise,
Aupres d'vn astre de l'Estat.

Dans l'ardeur qu'Apollon m'inspire,
Que ces grands objets de mes vœux
Ne me permettent-ils d'escrire
Ce que mon cœur conçoit pour eux?
Leurs lumieres estincelantes
Rendroient mes Muses si brillantes,
Que le plus seuere Censeur,
Adoucissant son amertume,
Deuiendroit contre sa coustume,
Leur Amant, & mon deffenseur.

Ie chanterois cét homme rare,
Ce pieux & sage SEGVIER,
Que la Cour choisit pour son Phare,
Et mon Roy pour son Aumosnier.
Ie dirois comme à iuste titre
Il possede vne illustre Mitre,
Comme il en est le ferme appuy;
Et que dans l'ardeur de son zele,
Il n'eut pas tant affaire d'elle,
Que la Mitre eut besoin de luy.

Puis donnant l'eſſor à ma plume,
Ie ferois d'vn art ſingulier
Eſclatter dans vn grand volume
Les trauaux d'vn grand CHANCELIER.
Lors la Couriere vagabonde
Qui vole touſiours par le monde
Pour celebrer nos demy-Dieux,
Voyant ſa courſe deuancée
Par les enfans de ma penſée,
Ne me ſuiuroit plus que des yeux.

Comme vn qui fait vne couronne
Dans vn champ de mille couleurs,
Contemple tout, & ne moiſſonne
Que l'émail des plus belles fleurs:
Ainſi de ſes vertus inſignes
Ie ferois vn choix des plus dignes
Dont ie celebrerois l'honneur;
Et quelque gloire qu'eut ſa Race,
Ie teſmoignerois qu'il l'efface
En merite, comme en bon-heur.

Il paroist bien qu'il la précede,
Quoy qu'il ait marché sur ses pas;
Car ce qu'elle eut il le possede,
Comme il a ce qu'elle n'eut pas.
Fit-il pas voir dés sa ieunesse
Sa suffisance, & son adresse
Aux emplois les plus importans?
Et s'il souffre qu'on s'en souuienne,
Temple d'honneur, vaste Guyenne,
Tu dois t'en souuenir long-temps.

Il fut Intendant de la Iustice en Guyéne.

Fut-ce pas dans cette Prouince
Qu'il employa l'authorité
Des loix de l'Estat, & du Prince,
Pour reprimer l'iniquité?
Qu'il rendit libre l'exercice
Du commerce, & de la Iustice,
Malgré l'obstacle des meschans?
Qu'il restablit les mœurs ciuiles,
Qu'il remit l'ordre dans les villes,
Et l'innocence dans les chams?

De

De mesme qu'un espais nuage
Fuit dans la carriere des airs
Dés qu'Aquilon trouue un passage
Dans le centre de l'Vniuers;
Ainsi fuyoient deuant sa face
Ces insolens de qui l'audace
Fouloit le peuple, & l'affligeoit;
Mais si la Iustice outragée
Sollicitoit d'estre vengée,
Il les suiuoit, & la vengeoit.

Apres tant d'actions de marque
Dont nos Fastes sont embellis,
Qui ne loüroit nostre Monarque
Qui l'esleua dessus les Lys?
Mais qui pourroit trouuer à dire
S'il tient les Sceaux de cét Empire,
Et la Balance de nos Loix?
Et si ce Ministre supresme,
Mon Heros, mon RICHELIEV l'ayme,
Comme le Caton des François.

D

Aussi fait-il voir par la suitte
De ses illustres actions,
Qu'à tant de force, & de conduitte,
Il joint d'autres perfections.
Le vice sa vertu redoute ;
Quand il parle chacun l'escoute,
Et quoy qu'on ait dit de Nestor ;
Ny les Nestors, ny les Cynées,
N'ont point tant d'ames enchaisnées,
Qu'en gaigne ceste bouche d'or.

Publiray-ie icy que nos Muses
N'ont pas plustost dans leurs ferueurs
Dispensé leur graces infuses,
Qu'il leur dispense ses faueurs ?
On diroit que ces doctes Fées,
Au lieu d'exalter ses trophées
Vanteroient leur double vallon ;
Il suffit que la France apprène
Que tout ce qu'on dit de Mecene
SEGVIER le faict pour Apollon.

Mais cependant que je m'esgare,
Et qu'il paroist en mes discours
Que je veüille imiter Pindare,
Qui se perdoit dans ses destours;
Ie voy l'amoureuse Planette,
De qui la clarté pure & nette
Me r'apelle chez nos Amans.
Pardonnez-moy, Couple fidele,
Si pour ne point trahir mon zele,
I'ay trahy vos contentemens.

I'entrois pour vous dans ceste lice,
Mais la grandeur de vos Ayeux
A voulu se rendre complice
De mes desirs ambitieux.
S'il faut que comme eux on vous loüe,
Qui sera l'ingrat qui n'aduoüe
Que vous ne l'ayez merité?
Et que sans leur vertu féconde
La vostre peut aux yeux du Monde
Luire de sa propre clarté?

Certes, quiconque vous contemple,
O Deïtez de mesme Autel,
Croid que vous soyez sans exemple,
Et qu'Hymen n'a rien veu de tel ;
Dans les biens qu'il vous communique
Chacun de vous seroit vnique
En esprit ainsi qu'en bonté ;
Si le Ciel dont vous tenez l'estre,
Ne vous auoit tous deux faict naistre
Dans vne aimable esgalité.

Vous dont la grace non commune
Irrita deux Diuinitez,
Quand vostre beauté claire brune
Surmonta leurs viues beautez ;
Mere d'Amour, j'ose vous dire
Que de vostre superbe Empire,
La belle SEGVIER à le prix.
Pâris vous donna la victoire,
Mais elle efface vostre gloire
Au jugement de tout Paris.

Ses yeux sont deux sources de flâmes,
Dont le subtil embrasement
A consumé toutes les Ames,
Et n'a conserué qu'vn Amant;
Sa bouche où l'Amour se repose
Est vn Ciel de couleur de rose,
Dont il fait son trosne fatal;
Voir son front, c'est voir vne Agatte;
Et voir son teint comme il esclatte,
C'est voir du feu sur du cristal.

Son sein de merueilles abonde;
Tout beau, mes vers audacieux,
Voulez-vous descouurir au monde
Ce qu'vn voile cache à nos yeux?
Ce Thresor est d'autant plus rare,
Que la Nymphe en est plus auare
Que le Phase de sa Toison;
Gardez bien de le mettre en proye;
Et sçachez qu'Amour ne l'octroye
Qu'à la conqueste d'vn Iason.

D ij

Il merite cét aduantage,
Puisque ses rares qualitez,
Pouroient amolir le courage
Des plus insensibles beautez:
Qui sçait de plus douces merueilles
Flatter leurs sens, & leurs oreilles?
Qui sçait mieux vaincre ses vainqueurs?
Et qui dedans vne barriere
Gaignant le prix de la carriere
Sçait mieux l'art de gaigner nos cœurs?

Les Muses, des choses futures
Ignorent les euenemens,
Ou quelque iour ses aduantures
Terniront celles des Romans.
Ie le voy sur les Pirenées
Forcer ces Troupes basanées
Qui de prés menacent nos forts;
Ie voy que son bras les surmonte,
Qu'il couure leur face de honte,
Et la campagne de leurs corps.

O Meres mille fois heureuses,
Dont les chastes embrassemens
Dans leurs delices amoureuses
Conçeurent ce couple d'Amans!
Mais qu'ils sont bien-heureux eux-mesmes
Puisque de leurs flâmes extresmes
Ils vont moderer les chaleurs!
Et que dans cét heur qui les noye
Hymen leur donne autant de ioye,
Qu'Amour leur causa de douleurs!

C'est assez, ô Muse importune,
Laissons ces deux Amans en paix
Ioüir de la bonne fortune
Qui va couronner leurs souhaits;
Puis qu'Hymen ne cherche que l'ombre,
Esteignons ces clartez sans nombre
Qui semblent r'allumer le iour;
Et pour accomplir ce mystere,
S'il faut qu'vn flambeau les esclaire,
Que ce soit le Flambeau d'Amour.

1639.   COLLETET.

FIN.

www.ingramcontent.com/pod-product-compliance
Lightning Source LLC
Chambersburg PA
CBHW060709050426
42451CB00010B/1358